LA ENCICLOPEDIA DE LOS ETFs

Página de créditos

- Autor(es). ALBERTO ABEL YANEZ WALKER
- Ilustrador(es). ALBERTO ABEL YANEZ WALKER
- Editor/a. ALBERTO ABEL YANEZ WALKER
- Año de publicación. 2024

© 2024 por [ALBERTO ABEL YANEZ WALKER]

Derechos de autor.

Todos los derechos reservados. Ninguna parte de esta publicación puede ser reproducida, distribuida o transmitida en cualquier forma o por cualquier medio, incluyendo fotocopiado, grabación, o cualquier otro sistema de almacenamiento y recuperación de información, sin el permiso previo por escrito del autor, excepto en el caso de breves citas incluidas en reseñas críticas y ciertos otros usos no comerciales permitidos por la ley de derechos de autor.

Primera edición, 2024

Publicado por [EDICIONES SHANGÓ]

[OLEIROS, GALICIA, ESPAÑA]

Dedicado a mis hijos Zóhar y Habana ambos son la luz de mi alma y la esencia de mi vida.

Título del Libro:
"La Enciclopedia de ETFs: De Principiante a Experto"

Estructura y Contenidos Clave:

Parte I: Fundamentos de los ETFs

1. **Historia y Evolución**: Exploración de los orígenes de los ETFs, su evolución a lo largo del tiempo, y cómo han revolucionado la inversión.
2. **Cómo Funcionan los ETFs**: Descripción detallada de la estructura de los ETFs, cómo se crean y se liquidan (la creación y redención de acciones), y su operativa en la bolsa.
3. **Tipos de ETFs**: Una guía exhaustiva sobre los diferentes tipos de ETFs disponibles (acciones, bonos, materias primas, sectoriales, temáticos, geográficos, etc.), incluyendo ETFs inversos y apalancados.

Parte II: Invertir en ETFs

4. **Construcción de una Cartera de ETFs**: Estrategias para la selección y combinación de ETFs para diversificar una cartera de inversión, incluyendo análisis de riesgo y asignación de activos.
5. **Análisis y Selección de ETFs**: Metodologías para evaluar ETFs, incluyendo análisis de costos, rendimiento, liquidez, y la importancia de la gestión pasiva vs. activa.
6. **Fiscalidad y Consideraciones Legales**: Un repaso por las implicaciones fiscales y regulaciones relevantes que afectan a la inversión en ETFs en diferentes jurisdicciones.

Parte III: Estrategias Avanzadas y Análisis

7. **Estrategias de Inversión con ETFs**: Detalle de estrategias avanzadas, como inversión táctica, cobertura, y cómo utilizar ETFs en entornos de mercado volátiles o bajistas.
8. **ETFs y la Construcción de Carteras Modernas**: Cómo los ETFs se integran en los enfoques modernos de construcción de carteras, incluyendo teorías como la frontera eficiente y otros modelos de optimización de carteras.

Parte IV: Casos de Estudio y Aplicaciones Prácticas

9. **Estudios de Caso Globales**: Análisis de casos reales donde los ETFs jugaron un papel crucial en el éxito de estrategias de inversión específicas.
10. **El Futuro de los ETFs**: Exploración de las tendencias emergentes, innovaciones y el futuro potencial de los ETFs, incluyendo el impacto de la tecnología blockchain y la inteligencia artificial.

Apéndices y Recursos Adicionales

- Glosario de términos de ETFs y finanzas.
- Directorio de proveedores de ETFs y recursos en línea para investigar y seguir ETFs.
- Herramientas y aplicaciones recomendadas para el análisis y la inversión en ETFs.

Este libro se propone ser un recurso definitivo para cualquier persona interesada en los ETFs, ofreciendo no solo una comprensión profunda de su mecánica, historia, y aplicaciones prácticas, sino también equipando a los lectores con las herramientas y conocimientos necesarios para utilizar los ETFs de manera efectiva en sus estrategias de inversión.

"La Enciclopedia de ETFs: De Principiante a Experto"

Concepto:

Los ETFs, o Fondos de Inversión Cotizados, son fondos de inversión que se negocian en bolsas de valores, de manera similar a como lo hacen las acciones. Un ETF posee activos como acciones, bonos, o commodities, y generalmente opera con un mecanismo diseñado para mantenerlo cerca de su valor neto de activos, aunque a veces pueden haber discrepancias.

La ventaja principal de los ETFs es que combinan la diversificación de los fondos de inversión con la facilidad de negociación de las acciones. Esto significa que los inversores pueden comprar y vender participaciones en un ETF a lo largo del día de negociación a precios de mercado actuales.

Existen diferentes tipos de ETFs disponibles, enfocados en diversas categorías de activos, industrias, sectores económicos o estrategias de inversión. Por ejemplo, hay ETFs que replican índices como el S&P 500, ETFs de bonos, ETFs de commodities como el oro, ETFs sectoriales como tecnología o salud, y ETFs que siguen estrategias específicas de inversión, como los que buscan rendimientos por dividendos o los que utilizan apalancamiento.

Los ETFs son populares entre los inversores por varias razones, incluyendo su eficiencia fiscal, bajas tasas de gestión comparadas con los fondos de inversión tradicionales, y la flexibilidad que ofrecen para implementar rápidamente una amplia gama de estrategias de inversión.

Parte I: Fundamentos de los ETFs

1. **Historia y Evolución**: Exploración de los orígenes de los ETFs, su evolución a lo largo del tiempo, y cómo han revolucionado la inversión.

La historia y evolución de los Exchange-Traded Funds (ETFs) es un fascinante viaje a través del tiempo, reflejando cómo los productos financieros innovadores pueden transformar la inversión y el acceso a los mercados. Desde su creación, los ETFs han crecido exponencialmente en popularidad y variedad, ofreciendo a los inversores herramientas flexibles para gestionar sus carteras. Aquí tienes un desarrollo completo sobre la historia y evolución de los ETFs a nivel mundial:

Orígenes y Primeros Días

1989-1993: Los Primeros Pasos

- **1989**: El primer intento de un producto similar a un ETF fue el Index Participation Share, un fondo que replicaba el índice S&P 500 y que se cotizaba en la American Stock Exchange y la Philadelphia Stock Exchange.
- **1990**: En Canadá, se lanza el Toronto Index Participation Fund, que cotizaba en la Bolsa de Toronto, marcando un paso más hacia lo que conocemos hoy como ETFs.
- **1993**: Se lanza el primer ETF oficial en Estados Unidos, el "SPDR S&P 500 ETF Trust" (SPY), que ofrecía a los inversores una forma nueva y más eficiente de invertir en un amplio espectro del mercado estadounidense.

Expansión y Diversificación

1993-2000: Diversificación y Crecimiento
- Los ETFs comenzaron a diversificarse más allá de los índices de acciones. Se introdujeron ETFs que replicaban índices de bonos, sectores específicos de la economía, y mercados internacionales.
- **1996**: El lanzamiento del "iShares MSCI EAFE" permitió a los inversores acceder fácilmente a mercados fuera de Estados Unidos.

2000s: Innovación y Globalización
- La década vio una explosión en la cantidad y tipos de ETFs disponibles, incluyendo ETFs apalancados, inversos, y aquellos que seguían commodities, como el oro y el petróleo.
- La innovación tecnológica permitió la creación de plataformas de trading más eficientes, aumentando la popularidad de los ETFs entre inversores minoristas y profesionales.

Maduración del Mercado

2010s-Presente: Consolidación y Nuevas Fronteras
- Los ETFs se han consolidado como una de las opciones preferidas para la inversión diversificada, gracias a su bajo costo, transparencia y flexibilidad.
- La aparición de ETFs temáticos, que se concentran en sectores emergentes como tecnología limpia, inteligencia artificial, y blockchain, reflejan la capacidad de estos instrumentos para adaptarse a las tendencias del mercado.

- La sostenibilidad y los criterios ESG (ambientales, sociales y de gobernanza) se han convertido en un enfoque importante para nuevos ETFs, en respuesta a la creciente demanda de inversión responsable.

Impacto y Futuro

Impacto en los Mercados y la Inversión
- Los ETFs han democratizado el acceso a la inversión, permitiendo a inversores de todos los tamaños participar en mercados de todo el mundo con facilidad.
- Han introducido una competencia significativa en el ámbito de la gestión de inversiones, presionando a los fondos mutuos y otros vehículos de inversión para reducir costos y aumentar la transparencia.

Hacia el Futuro
- Se espera que los ETFs continúen innovando, con el desarrollo de productos más especializados y estrategias de inversión sofisticadas.
- La regulación jugará un papel clave en el futuro desarrollo de los ETFs, especialmente en áreas nuevas como las criptomonedas y otros activos digitales.

La historia de los ETFs es un testimonio de la innovación en el mundo financiero. Desde su modesto inicio, han crecido para convertirse en una herramienta esencial en la cartera de inversores globales, ofreciendo una combinación sin precedentes de accesibilidad, diversificación y eficiencia de costos. A medida que el mundo financiero evoluciona, los ETFs seguramente se adaptarán y continuarán desempeñando un papel vital en el mercado global.

COMO HAN REVOLUCIONADO EL MERCADO

Los Exchange-Traded Funds (ETFs) han revolucionado el mercado financiero desde su introducción, ofreciendo a los inversores una serie de beneficios sin precedentes y transformando la manera en que individuos e instituciones invierten. Este informe explora cómo los ETFs han cambiado el panorama de la inversión, destacando su crecimiento, impacto en la diversificación y gestión de carteras, eficiencia en costos, y su influencia en la liquidez del mercado y la innovación financiera.

Crecimiento y Adopción Masiva

Los ETFs han experimentado un crecimiento exponencial en términos de activos bajo gestión (AUM) y número de productos disponibles desde su lanzamiento. Este crecimiento se debe en parte a su accesibilidad y a la facilidad con que los inversores pueden adquirir exposición a una amplia gama de activos, desde índices de acciones tradicionales y bonos hasta materias primas y estrategias de inversión alternativas.

Diversificación y Gestión de Carteras

Facilitación de la Diversificación
Los ETFs han democratizado el acceso a la diversificación para todo tipo de inversores, permitiéndoles construir carteras bien diversificadas con una menor inversión inicial en comparación con la compra individual de acciones o bonos.

Gestión Eficiente de Carteras
La capacidad de comprar y vender ETFs a lo largo del día de trading ha proporcionado a los gestores de carteras herramientas poderosas para la gestión de riesgos y la asignación táctica de activos, facilitando una adaptación más rápida a las condiciones cambiantes del mercado.

Eficiencia en Costos

Bajos Costos de Transacción
Al cotizar en bolsa como las acciones, los ETFs ofrecen la ventaja de bajos costos de transacción. El proceso único de creación y redención ayuda a minimizar los costos operativos y el impacto fiscal, lo que se traduce en ratios de gastos más bajos para los inversores.

Transparencia en Precios
La estructura de los ETFs garantiza una alta transparencia en los precios y en la composición de la cartera, permitiendo a los inversores conocer exactamente en qué están invirtiendo y a qué precio, en cualquier momento del día.

Liquidez y Acceso al Mercado

Mejora de la Liquidez del Mercado
Los ETFs han mejorado la liquidez del mercado al proporcionar un mecanismo adicional para el comercio de los activos subyacentes, especialmente en mercados o sectores menos líquidos. Esto ha hecho posible que más inversores participen en mercados antes considerados inaccesibles.

Ampliación del Acceso al Mercado
Los ETFs han abierto mercados globales y nichos de inversión a una audiencia más amplia. Inversores de todo el mundo pueden ahora fácilmente invertir en mercados extranjeros, sectores específicos, y temas de inversión emergentes con solo unas pocas operaciones.

Innovación Financiera

Fomento de la Innovación
La popularidad de los ETFs ha fomentado la innovación en productos financieros, con proveedores de ETFs compitiendo por ofrecer soluciones de inversión más novedosas y específicas, incluyendo ETFs sostenibles, temáticos y de estrategias activas.

Impulso a la Inversión Sostenible
Los ETFs han jugado un papel crucial en el auge de la inversión sostenible y los criterios ESG (ambientales, sociales y de gobernanza), proporcionando plataformas eficientes para que los inversores alineen sus carteras con sus valores personales o institucionales.

Conclusiones

Los ETFs han transformado profundamente el mercado financiero, ofreciendo una combinación inigualable de accesibilidad, eficiencia en costos, flexibilidad y oportunidades de diversificación. Han facilitado el acceso a estrategias de inversión complejas y mercados globales para una base más amplia de inversores, y continúan impulsando la innovación en el sector financiero. A medida que evolucionan para incluir nuevos activos y estrategias, los ETFs seguirán desempeñando un papel fundamental en la forma en que las personas y las instituciones invierten y gestionan su patrimonio.

2- COMO FUNCIONAN LOS ETFs

Los Exchange-Traded Funds (ETFs) son instrumentos de inversión revolucionarios que combinan características de los fondos mutuos y las acciones, ofreciendo a los inversores lo mejor de ambos mundos. Aquí tienes un desarrollo completo sobre cómo funcionan los ETFs, desde su estructura básica hasta las operaciones más complejas.

Concepto Básico

Un ETF es un tipo de fondo de inversión que se cotiza en una bolsa de valores, similar a como lo hacen las acciones individuales. Su objetivo es replicar el rendimiento de un índice subyacente, que puede ser de acciones, bonos, materias primas u otros activos, permitiendo a los inversores comprar o vender acciones del ETF durante todo el día de trading a precios de mercado.

Creación y Funcionamiento

Creación y Canje

- **Creación de Unidades del ETF**: Los ETFs operan a través de un proceso único de creación y redención que involucra a "agentes autorizados" (generalmente grandes instituciones financieras). Estos agentes compran las acciones o bonos que componen el índice objetivo y luego los intercambian con el gestor del ETF a cambio de nuevas "acciones" o unidades del ETF.
- **Redención de Unidades del ETF**: El proceso inverso ocurre cuando se redimen unidades del ETF. El agente autorizado entrega al fondo una cantidad específica de unidades del ETF a cambio de un paquete de valores que replica la cartera del ETF.

Operación en Bolsa

- **Cotización**: Una vez creadas, las unidades del ETF se cotizan en una bolsa de valores, permitiendo a los inversores comprar y vender acciones del ETF a través de corredores, exactamente de la misma manera que se comercian las acciones.
- **Precios en Tiempo Real**: El precio de un ETF fluctúa a lo largo del día de trading en función de la oferta y la demanda en el mercado, así como del cambio en el valor de los activos subyacentes en su cartera.

Ventajas y Características

Diversificación

- Al invertir en un ETF, los inversores adquieren una participación en una amplia cartera de activos, lo que ayuda a diversificar el riesgo.

Eficiencia de Costos

- Los ETFs suelen tener ratios de gastos más bajos en comparación con los fondos mutuos tradicionales, en parte debido a su mecanismo de creación y redención que reduce los costos de gestión.

Flexibilidad

- Los inversores pueden comprar y vender ETFs durante el horario de mercado a precios de mercado, a diferencia de los fondos mutuos, que solo se comercian al final del día a un precio basado en el valor neto del activo (NAV).

Transparencia

- La composición de un ETF se publica diariamente, permitiendo a los inversores saber exactamente en qué están invirtiendo.

Tipos de ETFs

ETFs de Índice
- Son los más comunes y buscan replicar el rendimiento de un índice específico.

ETFs Sectoriales y Temáticos
- Permiten a los inversores enfocarse en sectores específicos de la economía o temas de inversión, como tecnología, salud, energías renovables, etc.

ETFs de Bonos
- Proporcionan exposición a mercados de deuda, permitiendo invertir en una amplia gama de bonos gubernamentales, municipales y corporativos.

ETFs de Materias Primas
- Ofrecen exposición directa a materias primas físicas, como oro, petróleo o granos, sin la necesidad de invertir directamente en el mercado de futuros.

ETFs Inversos y Apalancados
- Diseñados para inversores más sofisticados, estos ETFs buscan proporcionar múltiplos del rendimiento inverso o del rendimiento diario de sus índices subyacentes.

Consideraciones Finales

Mientras que los ETFs ofrecen numerosas ventajas, como diversificación, eficiencia de costos y flexibilidad, los inversores deben estar conscientes de los riesgos asociados, incluyendo el riesgo de mercado y, en el caso de algunos ETFs especializados como los apalancados e inversos, riesgos adicionales relacionados con sus estrategias específicas. Además, es crucial para los inversores entender cómo se determinan los precios de los ETFs y cómo estos pueden divergir del valor neto de los activos subyacent

COMO SE CREAN Y SE LIQUIDAN LOS ETFs

La creación y liquidación de los ETFs (Exchange-Traded Funds) son procesos fundamentales que distinguen a estos instrumentos de otros productos de inversión. Estos procesos permiten que los ETFs mantengan una estructura de costos eficiente y que sus precios de mercado se mantengan alineados con los valores netos de los activos (NAV) de sus carteras subyacentes. A continuación, te explico cómo funcionan estos mecanismos:

Creación de los ETFs

1. **Iniciación por el Proveedor del ETF**
- Un proveedor de ETFs, que puede ser una firma de gestión de inversiones, decide crear un nuevo ETF para seguir un índice específico o un sector del mercado.

2. **Aprobación Regulatoria**
- El proveedor del ETF presenta un plan detallado a las autoridades regulatorias, describiendo la estructura del fondo, el índice que pretende seguir, y cómo se gestionará.

3. **Creación de Unidades del ETF**
- Una vez aprobado, el proveedor colabora con un "agente autorizado" (una gran institución financiera) para crear las unidades del ETF. Este proceso implica que el agente autorizado adquiere los activos subyacentes que conformarán la cartera del ETF (acciones, bonos, etc.) y los entrega al fondo a cambio de "creaciones", que son grandes bloques de acciones del ETF, típicamente de 50,000 acciones cada uno.

Proceso de Creación y Redención

El proceso de creación y redención es fundamental para el funcionamiento de los ETFs y ayuda a mantener el precio de mercado del ETF alineado con su NAV.

1. **Creación**
- Si el ETF se negocia a un precio superior a su NAV (indicando demanda en el mercado), el agente autorizado puede comprar los activos subyacentes del índice y entregarlos al fondo a

cambio de nuevas acciones del ETF. Estas nuevas acciones son vendidas en el mercado, incrementando la oferta y ayudando a que el precio del ETF se alinee nuevamente con su NAV.

2. **Redención**
- Si el ETF se negocia a un precio inferior a su NAV (indicando oferta en el mercado), el agente autorizado puede comprar acciones del ETF en el mercado y luego entregarlas al fondo a cambio de un paquete de los activos subyacentes del índice. Estas acciones del ETF son retiradas del mercado, reduciendo la oferta y ayudando a que el precio del ETF se alinee nuevamente con su NAV.

Liquidación de los ETFs

La liquidación de un ETF generalmente ocurre cuando el fondo no logra atraer suficiente interés de inversión y no es económicamente viable continuar operando.

1. **Anuncio de Liquidación**
- El proveedor del ETF anunciará la decisión de liquidar el fondo, estableciendo una fecha final de operaciones.

2. **Venta de Activos**
- El gestor del ETF procederá a vender los activos de la cartera del fondo.

3. **Distribución de los Activos**
- Después de vender todos los activos y liquidar las obligaciones del fondo, los recursos restantes se distribuyen proporcionalmente entre los tenedores de las acciones del ETF según el NAV final.

Este proceso de creación y redención ofrece varias ventajas, como la flexibilidad en la gestión de inventario de los ETFs sin afectar directamente los activos subyacentes, y la eficiencia en costos que resulta al evitar la necesidad de mantener dinero en efectivo para redenciones o realizar compras costosas de activos en respuesta a nuevas inversiones. Además, ayuda a que el precio de mercado de los ETFs se mantenga cercano a su NAV, proporcionando una inversión eficiente y transparente para los participantes del mercado.

3- TIPOS DE ETFs

Crear una guía completa de todos los ETFs que existen sería un proyecto de gran envergadura debido al vasto número de ETFs disponibles globalmente, superando los miles, y a la constante introducción de nuevos fondos. Sin embargo, puedo proporcionarte una descripción exhaustiva de los principales tipos de ETFs, categorizados por su enfoque de inversión, para ayudarte a entender la diversidad y el alcance de opciones disponibles en el mercado.

Tipos de ETFs:

1. **ETFs de Acciones**

- **Globales**: Invierten en compañías de todo el mundo.
- **Regionales**: Se centran en una región específica, como Europa, Asia, o América Latina.
- **Nacionales**: Invierten exclusivamente en compañías de un país específico.

2. **ETFs de Bonos**

- **Gubernamentales**: Invierten en deuda emitida por gobiernos nacionales.
- **Corporativos**: Contienen bonos emitidos por empresas.
- **De Mercados Emergentes**: Invierten en bonos de países con economías en desarrollo.

- **De Alta Rentabilidad**: Se enfocan en bonos con calificaciones de crédito más bajas pero ofrecen rendimientos más altos.

3. **ETFs de Materias Primas**

- **Metales Preciosos**: Como oro y plata.
- **Energía**: Incluyen petróleo y gas natural.
- **Agrícolas**: Contienen commodities como café, azúcar, y maíz.

4. **ETFs Sectoriales**

- Se especializan en sectores específicos de la economía, como tecnología, salud, energía, y finanzas.

5. **ETFs Temáticos**

- Invierten en tendencias o temas específicos, como inteligencia artificial, energía limpia, vehículos eléctricos, y blockchain.

6. **ETFs Geográficos**

- Se enfocan en inversiones en áreas geográficas específicas, desde países individuales hasta regiones enteras.

7. **ETFs de Dividendos**

- Están compuestos por compañías que regularmente pagan dividendos altos.

8. **ETFs Apalancados**

- Buscan ofrecer múltiplos del rendimiento diario de sus índices subyacentes, como 2x o 3x el retorno diario.

9. **ETFs Inversos**

- Están diseñados para proporcionar rendimientos opuestos al desempeño de su índice o benchmark subyacente, permitiendo a los inversores beneficiarse de los declives en el mercado.

10. **ETFs de Estrategia Específica**

- Incluyen fondos que siguen estrategias de inversión específicas, como la inversión basada en factores (value, growth, momentum, etc.), inversión sostenible y ESG (ambiental, social y de gobernanza).

11. **ETFs de Volatilidad**

- Diseñados para invertir en futuros de volatilidad y otros productos derivados para beneficiarse de los cambios en la volatilidad del mercado.

12. **ETFs de Renta Fija**

- Abarcan fondos que invierten en una variedad de instrumentos de deuda además de bonos, como préstamos bancarios y deuda municipal.

Consideraciones al Invertir en ETFs

Al seleccionar ETFs para tu cartera, considera los siguientes factores:

- **Objetivos de Inversión**: Asegúrate de que el ETF se alinea con tus metas financieras y horizonte de inversión.
- **Costos**: Examina los ratios de gastos y costos de transacción, ya que pueden afectar tus rendimientos.
- **Riesgo**: Evalúa el perfil de riesgo del ETF, incluyendo la volatilidad y el riesgo sectorial o geográfico.
- **Liquidez**: Prefiere ETFs con altos volúmenes de negociación para asegurar que puedas comprar y vender acciones fácilmente.

Esta guía representa un panorama de las categorías más comunes y estratégicas de ETFs disponibles en el mercado.

PARTE 2 INVERTIR EN ETFs

4- Construcción de una cartera de ETFs:

Construir una cartera de ETFs implica una serie de pasos estratégicos diseñados para alinear tus inversiones con tus objetivos financieros, horizonte temporal y tolerancia al riesgo. A continuación, se detalla una guía paso a paso para construir una cartera diversificada de ETFs:

1. **Definir Objetivos de Inversión y Perfil de Riesgo**

- **Objetivos de Inversión**: Identifica tus metas financieras, como ahorrar para la jubilación, comprar una casa o generar ingresos pasivos.
- **Perfil de Riesgo**: Evalúa tu tolerancia al riesgo y tu capacidad para absorber pérdidas. Esto influirá en la selección de ETFs, equilibrando entre renta variable y renta fija.

2. **Establecer un Horizonte Temporal**

- Tu horizonte temporal, o el tiempo que planeas mantener tus inversiones antes de necesitar acceso a tu capital, afectará tu enfoque hacia el riesgo. Inversores a largo plazo pueden ser más propensos a invertir en ETFs de renta variable, que aunque son más volátiles, históricamente ofrecen mayores retornos a largo plazo.

3. **Elegir la Asignación de Activos**

- **Diversificación**: La clave para una cartera equilibrada es la diversificación. Determina la proporción de tu cartera que deseas invertir en diferentes clases de activos, como acciones, bonos, materias primas o inmobiliario.
- **Rebalanceo**: Planifica revisar y ajustar tu cartera regularmente para asegurar que se mantenga alineada con tus objetivos de asignación de activos.

4. **Seleccionar ETFs**

- **Investigación**: Investiga los ETFs disponibles que se ajusten a tu estrategia de inversión, teniendo en cuenta factores como el rendimiento histórico, el ratio de gastos, la liquidez y la consistencia en el seguimiento de su índice de referencia.
- **Diversificación Global y Sectorial**: Incluye ETFs que invierten en diferentes regiones geográficas y sectores económicos para aumentar la diversificación.
- **ETFs de Bonos**: Considera incluir ETFs de renta fija para añadir estabilidad a tu cartera y proporcionar ingresos.

5. **Construcción de la Cartera**

- **Iniciando con un Núcleo Sólido**: Comienza con ETFs que rastrean índices amplios, como un ETF del S&P 500 para la exposición al mercado de acciones de EE.UU. o un ETF global de renta fija para diversificación en bonos.
- **Agregando Capas**: Incorpora ETFs sectoriales, temáticos o geográficos para aprovechar oportunidades específicas y aumentar la diversificación.

- **ETFs Especializados**: Considera la inclusión de ETFs inversos, apalancados o de materias primas como herramientas para la gestión de riesgos o para alcanzar objetivos de inversión específicos con una pequeña porción de tu cartera.

6. **Monitoreo y Rebalanceo**

- **Revisión Regular**: Establece intervalos regulares para revisar tu cartera, al menos anualmente, para evaluar el rendimiento y realizar ajustes si es necesario.
- **Ajustes Basados en Cambios**: Si tus objetivos financieros, horizonte temporal o tolerancia al riesgo cambian, ajusta tu cartera en consecuencia.

7. **Consideraciones Fiscales**

- Ten en cuenta las implicaciones fiscales de comprar y vender ETFs, especialmente en lo que respecta a las ganancias de capital. La eficiencia fiscal es una de las ventajas de los ETFs, pero las estrategias de inversión pueden tener diferentes consecuencias fiscales.

Construir una cartera de ETFs es un proceso continuo que implica una cuidadosa consideración de tus metas financieras, la selección meticulosa de ETFs y un monitoreo regular. Esta estrategia puede ofrecer la flexibilidad para adaptarte a diferentes condiciones del mercado mientras buscas alcanzar tus objetivos de inversión.

5- Análisis y selección de ETFs

El análisis y selección de ETFs es un proceso crucial para los inversores que buscan incorporar estos instrumentos en sus carteras. Una metodología exhaustiva para evaluar ETFs debe incluir el análisis de costos, rendimiento, liquidez y considerar la importancia de la gestión pasiva frente a la activa. Desarrollemos estos puntos detalladamente.

Análisis de Costos

- **Ratio de Gastos**: Este es el porcentaje anual del total de activos del fondo que se destina a cubrir los costos operativos. Un ratio de gastos más bajo es generalmente preferible, ya que los costos menores se traducen directamente en mayores rendimientos para el inversor.
- **Costos de Transacción**: Incluyen las comisiones de corretaje y los costos asociados con la compra y venta de ETFs. Aunque los ETFs generalmente tienen costos de transacción bajos, es importante considerar estos costos, especialmente para estrategias de trading frecuente.
- **Spread Bid-Ask**: La diferencia entre el precio más alto que un comprador está dispuesto a pagar (bid) y el precio más bajo que un vendedor acepta (ask). Un spread más estrecho indica mayor liquidez y menores costos implícitos de transacción.

Análisis de Rendimiento

- **Rendimiento Histórico**: Es importante revisar el historial de rendimientos del ETF para entender cómo ha actuado bajo diferentes condiciones de mercado. Sin embargo, recuerda que el rendimiento pasado no garantiza resultados futuros.
- **Consistencia del Rendimiento**: Evalúa cómo el ETF ha mantenido su rendimiento en comparación con su índice de referencia a lo largo del tiempo. La consistencia es un buen indicador de la eficacia de la gestión del ETF.

Análisis de Liquidez

- **Volumen de Comercio**: ETFs con altos volúmenes de negociación son generalmente más líquidos, lo que facilita comprar o vender acciones sin afectar significativamente el precio de mercado.
- **Tamaño del ETF**: Los ETFs con un mayor activo total bajo gestión (AUM) tienden a ser más líquidos. Un mayor AUM puede ser un indicador de confianza y estabilidad.

Gestión Pasiva vs. Activa

- **Gestión Pasiva**: La mayoría de los ETFs son fondos indexados que buscan replicar el rendimiento de un índice subyacente. La gestión pasiva es generalmente menos costosa ya que requiere menos toma de decisiones activa y menos transacciones, lo que puede llevar a ratios de gastos más bajos y una estrategia de inversión más predecible.
- **Gestión Activa**: Algunos ETFs son gestionados activamente, lo que significa que los gestores del fondo toman decisiones de inversión discrecionales en un intento de superar al mercado o a un índice de referencia. Mientras que la gestión activa ofrece el potencial de rendimientos superiores, también conlleva costos más altos y mayor riesgo.

Consideraciones Finales para la Selección de ETFs

- **Alineación con Objetivos de Inversión**: Asegúrate de que cualquier ETF que consideres se alinee con tus objetivos de inversión generales y tu horizonte temporal.
- **Diversificación**: Considera cómo un ETF encaja dentro de tu cartera existente y si contribuye a una diversificación adecuada.
- **Implicaciones Fiscales**: Ten en cuenta las consecuencias fiscales de invertir en ETFs, especialmente en términos de distribuciones de ganancias de capital y tratamientos fiscales de diferentes tipos de ETFs.

Al seleccionar ETFs, es esencial realizar una investigación exhaustiva y considerar una combinación de factores financieros, operativos y estratégicos. Esta metodología detallada te ayudará a tomar decisiones informadas que se alineen con tus metas y estrategias de inversión.

6- Fiscalidad y Consideraciones legales :

La fiscalidad y las consideraciones legales son aspectos cruciales al invertir en ETFs, ya que pueden afectar significativamente los rendimientos netos de la inversión y cumplir con los requisitos regulatorios. Aunque las normativas pueden variar dependiendo del país y la jurisdicción, aquí se presentan algunas consideraciones generales relevantes para la mayoría de los inversores.

Fiscalidad de los ETFs

Distribuciones de Dividendos
- Los ETFs que invierten en acciones pueden recibir dividendos, los cuales son distribuidos a los accionistas del ETF. Estas distribuciones generalmente están sujetas a impuestos como ingreso ordinario o, en algunos casos, a tasas reducidas para dividendos calificados.

Ganancias de Capital
- Al vender acciones de un ETF a un precio más alto del que se compraron, el inversor incurre en ganancias de capital, las cuales pueden estar sujetas a impuestos. La tasa impositiva depende de la duración de la tenencia; las inversiones mantenidas por un período más largo (por ejemplo, más de un año en muchos países) pueden beneficiarse de tasas más bajas de ganancias de capital a largo plazo.
- Además, algunos ETFs pueden realizar ventas de los activos subyacentes que componen el fondo, lo que puede resultar en distribuciones de ganancias de capital para los accionistas del ETF.

Intereses

- Los ETFs que invierten en bonos u otros instrumentos generadores de intereses distribuyen estos ingresos a los accionistas, y estas distribuciones suelen estar sujetas a impuestos como ingreso ordinario.

Estructura Fiscal de los ETFs

- **ETFs de Renta Variable y de Bonos**: La estructura fiscal de los ETFs basados en renta variable y bonos es relativamente directa, con impuestos aplicables sobre dividendos, intereses y ganancias de capital.
- **ETFs de Materias Primas y Estructuras Especiales**: Algunos ETFs, especialmente los que invierten en materias primas o utilizan estructuras legales especiales (como los fondos de inversión en bienes raíces o REITs), pueden tener implicaciones fiscales únicas, como tasas impositivas diferentes o requisitos de distribución de ingresos.

Consideraciones Legales y Regulatorias

Regulación de ETFs
- Los ETFs están sujetos a regulaciones específicas en cada país o región, las cuales están diseñadas para proteger a los inversores. Estas regulaciones abarcan desde la creación y funcionamiento de los ETFs hasta su comercialización y venta.

Cumplimiento del Inversor
- Los inversores deben estar conscientes de sus propias obligaciones de cumplimiento, como reportar ingresos y ganancias de capital a las autoridades fiscales. Es importante mantener registros precisos de las compras, ventas y distribuciones recibidas.

Consideraciones de Inversión Internacional
- Invertir en ETFs que operan en mercados fuera de la jurisdicción del inversor puede implicar consideraciones fiscales adicionales, como la posibilidad de estar sujeto a retención de impuestos en la fuente en el país de origen de la inversión.
- Los tratados fiscales entre países pueden ofrecer alivio o créditos para evitar la doble imposición.

Planificación Fiscal

La planificación fiscal es un componente esencial de la inversión en ETFs. Los inversores deben considerar las implicaciones fiscales de sus inversiones en ETFs y cómo estas se integran en su situación fiscal general. La consulta con un asesor fiscal puede proporcionar orientación personalizada, ayudando a los inversores a aprovechar las estructuras fiscales de manera eficiente y cumplir con las obligaciones legales.

En resumen, entender la fiscalidad y las consideraciones legales asociadas con la inversión en ETFs es fundamental para maximizar los rendimientos después de impuestos y asegurar el cumplimiento con las regulaciones aplicables.

PARTE 3: Estrategias avanzadas y análisis

7- Estrategias de inversión con ETFs:

Las estrategias de inversión con ETFs son diversas y pueden adaptarse a diferentes objetivos, perfiles de riesgo y condiciones de mercado. En este capítulo, exploraremos algunas estrategias avanzadas como la inversión táctica, la cobertura y cómo utilizar ETFs en entornos de mercado volátiles o bajistas.

1. **Inversión Táctica**

La inversión táctica implica ajustes temporales y estratégicos en la asignación de activos de la cartera para capitalizar sobre las oportunidades a corto plazo o mitigar riesgos específicos. Los ETFs son ideales para esta estrategia debido a su liquidez y la amplia gama de exposiciones de mercado que ofrecen.

- **Rotación de Sectores**: Esta táctica implica mover capital entre sectores de la economía que se espera que superen al mercado en general. Por ejemplo, invertir en ETFs de tecnología durante un boom tecnológico o en ETFs de salud durante una crisis sanitaria.
- **Aprovechar Tendencias Macroeconómicas**: Cambiar la exposición hacia activos que se beneficien de cambios macroeconómicos, como ETFs de bonos de alta calidad durante periodos de incertidumbre económica o ETFs de materias primas durante un ciclo inflacionario.

2. **Cobertura**

La cobertura es una estrategia utilizada para protegerse contra pérdidas potenciales en una inversión. Los ETFs ofrecen varias formas de implementar estrategias de cobertura eficaces.

- **Cobertura con ETFs Inversos**: Estos ETFs buscan proporcionar rendimientos opuestos al desempeño de un índice o activo subyacente, lo que puede ser útil para protegerse contra las caídas del mercado.
- **ETFs de Bonos para Diversificación**: Los ETFs que invierten en bonos, especialmente en bonos del tesoro, pueden actuar como una cobertura natural contra la volatilidad del mercado de acciones, ya que los bonos y las acciones a menudo se mueven en direcciones opuestas.

3. **Uso de ETFs en Mercados Volátiles o Bajistas**

Los mercados volátiles o bajistas presentan desafíos únicos para los inversores, pero también ofrecen oportunidades para aquellos que están preparados.

- **ETFs Apalancados para Mercados Bajistas**: Algunos ETFs están diseñados para proporcionar múltiples del rendimiento inverso de un índice, lo que puede ser beneficioso en un mercado bajista. Sin embargo, estos productos son más adecuados para inversores experimentados debido a su complejidad y riesgo.
- **Diversificación con ETFs de Activos Alternativos**: Invertir en ETFs de activos alternativos, como oro, bienes raíces o materias primas, puede ofrecer una vía para reducir la volatilidad general de la cartera, ya que estos activos pueden comportarse de manera diferente a las acciones y bonos en tiempos de turbulencia en el mercado.
- **Estrategia de Dollar-Cost Averaging (DCA)**: Esta estrategia implica invertir una cantidad fija de dinero en un ETF a intervalos regulares, sin importar el precio del ETF. DCA puede ayudar a los inversores a navegar la volatilidad al reducir el costo promedio de las inversiones a lo largo del tiempo.

Consideraciones Finales

Al implementar estas estrategias avanzadas, es crucial mantenerse alineado con los objetivos de inversión a largo plazo y ser consciente de los riesgos asociados. Las estrategias tácticas y de cobertura pueden requerir un monitoreo más frecuente y ajustes oportunos en la cartera para ser efectivas.

Además, en entornos de mercado volátiles o bajistas, es esencial mantener la perspectiva y no tomar decisiones impulsivas basadas en el miedo. La diversificación, la paciencia y una estrategia de inversión bien pensada son clave para navegar estos desafíos.

Finalmente, dada la complejidad de algunas de estas estrategias, especialmente con el uso de ETFs apalancados e inversos, puede ser prudente buscar el asesoramiento de un profesional de inversiones para garantizar que estas tácticas se ajusten adecuadamente a tu perfil de riesgo y objetivos de inversión.

8- ETFs y la construcción de carteras modernas:

El Capítulo 8 se enfoca en "ETFs y la Construcción de Carteras Modernas", examinando cómo los Exchange-Traded Funds (ETFs) se integran en los enfoques modernos de construcción de carteras, incluyendo teorías como la frontera eficiente y otros modelos de optimización de carteras. Este capítulo explora la flexibilidad, eficiencia y diversificación que los ETFs ofrecen, permitiendo a los inversores adaptarse a las dinámicas cambiantes del mercado y alinear sus inversiones con objetivos específicos de rentabilidad y riesgo.

Integración de ETFs en la Teoría Moderna de Portafolio

La Teoría Moderna de Portafolio (TMP), formulada por Harry Markowitz en los años 50, sostiene que los inversores pueden construir una cartera óptima a través de la diversificación, maximizando el rendimiento esperado para un nivel dado de riesgo. Los ETFs son herramientas ideales para implementar esta teoría debido a su diversidad, transparencia y liquidez.

Diversificación Efectiva

Los ETFs permiten una diversificación efectiva al proporcionar acceso a una amplia gama de clases de activos, sectores, y geografías con una única transacción. Esto facilita la construcción de carteras que pueden mitigar el riesgo específico del mercado o sector, alineándose con la premisa central de la TMP.

Costo y Eficiencia

La baja relación de gastos de muchos ETFs y su estructura eficiente en términos de costos mejoran el rendimiento neto de las inversiones de los portafolios. Además, la capacidad de comprar y vender ETFs en el mercado secundario, como las acciones, ofrece una flexibilidad significativa y eficiencia operativa.

Aplicación de Estrategias Basadas en Factores

Las estrategias de inversión basadas en factores, que buscan identificar determinantes clave del rendimiento de los activos, se han vuelto más accesibles a través de ETFs. Los inversores pueden ahora fácilmente incluir factores como valor, tamaño, momento, calidad y volatilidad baja en sus carteras, aprovechando la investigación que sugiere que estos factores pueden ofrecer rendimientos ajustados al riesgo superiores a largo plazo.

Adaptación a Cambios del Mercado

La capacidad de reaccionar rápidamente a los cambios en el mercado es una ventaja significativa de los ETFs. Los inversores pueden ajustar sus exposiciones a diferentes clases de activos, sectores o regiones con facilidad, lo que es crucial en entornos de mercado volátiles o cuando cambian las condiciones económicas.

Implementación de Estrategias de Ingreso

Los ETFs de ingreso, como los que invierten en bonos de alto rendimiento, dividendos elevados o estrategias de generación de ingresos, proporcionan opciones para los inversores enfocados en la generación de ingresos regulares. Esto es especialmente relevante en un entorno de tasas de interés bajas, donde los inversores buscan alternativas a los productos de ingreso fijo tradicionales.

Consideraciones de Sostenibilidad

Con el creciente enfoque en la inversión sostenible, los ETFs que siguen criterios ambientales, sociales y de gobernanza (ESG) permiten a los inversores alinear sus carteras con sus valores personales o corporativos sin comprometer los principios de construcción de carteras basados en la teoría moderna.

Conclusión

Los ETFs han transformado la construcción de carteras modernas, proporcionando herramientas que permiten una implementación eficiente de principios de inversión fundamentales y estrategias avanzadas. Su flexibilidad, eficiencia de costos, y capacidad para facilitar la diversificación, la gestión de riesgos y la alineación con objetivos de inversión específicos los hacen indispensables en el arsenal de cualquier inversor moderno. Al integrar ETFs en las carteras, los inversores pueden aprovechar los avances en la teoría y práctica de inversión para lograr objetivos financieros complejos en el cambiante panorama del mercado global.

Parte 4- Casos de Estudio y Aplicaciones Prácticas

El Capítulo 4 se centra en "Casos de Estudio y Aplicaciones Prácticas", un componente esencial para entender cómo se aplican en la realidad las teorías y estrategias discutidas en los capítulos anteriores. Este capítulo examina ejemplos concretos de cómo los Exchange-Traded Funds (ETFs) han sido utilizados efectivamente en diferentes contextos de inversión, ilustrando la versatilidad y el impacto de los ETFs en la gestión de carteras moderna.

9- Estudios de casos globales:

1. **Diversificación de Cartera a Través de ETFs Globales**

Caso de Estudio: Ampliando el Alcance Geográfico
- Se detalla cómo un inversor individual pudo diversificar su cartera centrada en el mercado de EE.UU. al incorporar ETFs que rastrean índices de mercados emergentes y desarrollados. Este enfoque mitigó el riesgo específico del país y aprovechó el potencial de crecimiento en otros mercados.

2. **Estrategia de Ingreso Fijo con ETFs de Bonos**

Caso de Estudio: Generación de Ingresos Estables
- Se explora la estrategia de un fondo de pensiones que utilizó una combinación de ETFs de bonos gubernamentales, corporativos de alto rendimiento, y municipales para generar ingresos regulares mientras mantenía un perfil de riesgo moderado. Este caso demuestra cómo los ETFs pueden ofrecer soluciones de ingreso fijo flexibles y eficientes.

3. **Aplicación de Estrategias de Inversión Basadas en Factores**

Caso de Estudio: Mejora del Rendimiento Ajustado al Riesgo
- Este caso muestra cómo un gestor de cartera institucional implementó ETFs basados en factores, como momentum y valor, para mejorar el rendimiento ajustado al riesgo de su cartera. La selección cuidadosa de ETFs permitió al gestor capitalizar las anomalías del mercado y las tendencias a largo plazo.

4. **Uso de ETFs para la Cobertura de Riesgos**

Caso de Estudio: Protección contra la Volatilidad del Mercado
- Se presenta un ejemplo de cómo una empresa de seguros utilizó ETFs inversos y de volatilidad para proteger su cartera de inversiones durante un periodo de alta incertidumbre en el mercado. La estrategia de cobertura ayudó a limitar las pérdidas potenciales sin comprometer significativamente el potencial de crecimiento.

5. **Rebalanceo Dinámico de Cartera con ETFs**

Caso de Estudio: Manteniendo el Equilibrio Estratégico
- Este caso ilustra cómo un inversor minorista utilizó ETFs para facilitar el rebalanceo dinámico de su cartera, ajustando las ponderaciones de activos en respuesta a cambios en las condiciones del mercado y en su propia situación financiera. Los ETFs proporcionaron la flexibilidad necesaria para realizar ajustes de forma eficiente y económica.

6. **Inversión Sostenible y ESG con ETFs**

Caso de Estudio: Alineación de Valores con Inversiones
- Se analiza el enfoque de una fundación que priorizó la inversión sostenible, utilizando ETFs que siguen criterios ESG para alinear sus inversiones con sus principios éticos. Este enfoque no solo cumplió con sus metas de sostenibilidad sino que también resultó en un rendimiento robusto a largo plazo.

Conclusión

Los casos de estudio en este capítulo destacan la aplicabilidad y eficacia de los ETFs en una variedad de escenarios de inversión. Desde la diversificación y generación de ingresos hasta la inversión sostenible y la cobertura de riesgos, los ETFs ofrecen herramientas poderosas y accesibles para los inversores. Estos ejemplos prácticos demuestran cómo, independientemente del tamaño del inversor o del perfil de riesgo, los ETFs pueden ser integrados en la construcción y gestión de carteras modernas para lograr objetivos financieros específicos y navegar por el complejo panorama del mercado.

Apéndices y Recursos Adicionales

Glosario de Términos de ETFs y Finanzas

- **ETF (Exchange-Traded Fund)**: Un fondo de inversión que se cotiza en la bolsa de valores, similar a una acción. Los ETFs suelen seguir un índice, commodities, bonos, o una mezcla de tipos de activos.

- **Ratio de Gastos**: La fracción del total de activos del fondo utilizada para cubrir los gastos operativos anuales. Se expresa como un porcentaje.

- **Spread Bid-Ask**: La diferencia entre el precio más alto que un comprador está dispuesto a pagar (bid) y el precio más bajo que un vendedor acepta (ask).

- **NAV (Net Asset Value)**: El valor neto de los activos de un fondo, calculado dividiendo el valor total de los activos del fondo menos sus pasivos por el número de acciones emitidas.

- **Liquidez**: La facilidad con que un activo puede ser comprado o vendido en el mercado sin afectar su precio.

- **Índice de Referencia**: Un estándar contra el cual se puede medir el rendimiento de un ETF. Por ejemplo, un ETF que sigue el S&P 500 se compara con ese índice como su índice de referencia.

- **Rebalanceo**: El proceso de comprar o vender componentes en una cartera para mantener el nivel de asignación de activos deseado.

- **Rendimiento**: La ganancia o pérdida de una inversión a lo largo del tiempo, generalmente expresada como un porcentaje.

- **Diversificación**: La estrategia de inversión que implica repartir las inversiones entre diferentes activos para reducir el riesgo.

- **Ganancias de Capital**: La diferencia entre el precio de venta de un activo y su costo original o base.

- **Dividendos**: Pagos realizados por una corporación a sus accionistas, generalmente derivados de las ganancias de la empresa.

- **ETF Apalancado**: Un tipo de ETF que utiliza instrumentos financieros y préstamos de dinero para amplificar los retornos del índice que sigue.

- **ETF Inverso**: Un tipo de ETF diseñado para obtener ganancias de las disminuciones en el valor del índice o activo subyacente que sigue.

- **Gestión Pasiva**: Una estrategia de inversión donde el gestor del fondo intenta replicar el rendimiento de un índice específico.

- **Gestión Activa**: Una estrategia de inversión donde el gestor del fondo hace selecciones de inversión específicas con el objetivo de superar un índice de referencia.

- **Factor Investing**: La estrategia de inversión que implica seleccionar valores basados en atributos específicos que se espera ofrezcan retornos superiores ajustados al riesgo.

- **ESG (Ambiental, Social y Gobernanza)**: Criterios utilizados para evaluar el comportamiento corporativo y determinar el impacto futuro de una empresa en la sociedad y el medio ambiente.

Esta lista cubre términos básicos y esenciales en el mundo de los ETFs y las finanzas, proporcionando un sólido punto de partida para entender la jerga y los conceptos fundamentales. Para un estudio más profundo, sería útil consultar recursos específicos de finanzas o literatura especializada en ETFs.

Directorio de proveedores de ETFs y recursos en línea para investigar y seguir ETFs:

Desarrollar una guía completa de proveedores de ETFs y recursos en línea para investigar y seguir estos instrumentos puede ser una herramienta invaluable para inversores de todos los niveles. A continuación, te ofrezco un directorio de algunos de los proveedores de ETFs más destacados y recursos en línea que te permitirán profundizar en tu investigación y seguimiento de ETFs.

Proveedores de ETFs Destacados

1. BlackRock iShares
- Uno de los mayores proveedores de ETFs a nivel mundial, ofrece una amplia gama de ETFs que cubren diversas clases de activos, regiones y estrategias de inversión.

2. Vanguard
- Conocido por sus bajas tasas de gastos, Vanguard ofrece ETFs que abarcan índices de renta variable, renta fija, y mercados internacionales.

3. State Street Global Advisors (SSGA)
- Ofrece los SPDR ETFs, una de las familias de ETFs más antiguas y amplias, incluyendo el muy conocido SPDR S&P 500 ETF Trust (SPY).

4. Invesco

- Proporciona una variedad de ETFs especializados, incluyendo los populares ETFs QQQ que siguen a las compañías de tecnología y telecomunicaciones de la Nasdaq-100.

5. Charles Schwab
- Ofrece una selección de ETFs con bajas tasas de gastos, incluyendo ETFs de índice de mercado amplio y ETFs de nicho.

Recursos en Línea para Investigar y Seguir ETFs

1. Morningstar
- Un recurso integral para la investigación de inversiones, Morningstar ofrece análisis detallados, calificaciones y datos de rendimiento sobre una amplia gama de ETFs.

2. ETF.com
- Proporciona noticias, análisis, y herramientas educativas sobre ETFs. Su base de datos permite buscar y filtrar ETFs basados en criterios específicos como categoría, rendimiento y ratios de gastos.

3. Yahoo Finance
- Una plataforma accesible para seguir las cotizaciones en tiempo real de ETFs, noticias financieras, y obtener gráficos históricos, además de análisis de rendimiento.

4. Bloomberg ETF IQ
- Ofrece noticias de última hora, análisis y datos sobre el mercado de ETFs. Ideal para inversores que buscan información y tendencias del mercado en tiempo real.

5. The Wall Street Journal - Market Data Center
- Proporciona listados y datos de rendimiento de ETFs, noticias financieras, y análisis de mercado. Es una buena fuente para mantenerse actualizado sobre los movimientos del mercado y el desempeño de los ETFs.

6. Investopedia
- Ofrece una amplia gama de artículos educativos, tutoriales, y guías sobre ETFs. Es excelente para principiantes que buscan entender los fundamentos de los ETFs, así como para inversores experimentados que buscan profundizar su conocimiento.

7. Seeking Alpha
- Una plataforma donde los inversores pueden encontrar análisis detallados y opiniones sobre ETFs escritas por una comunidad de inversores y expertos en finanzas.

Consideraciones Finales

Al utilizar estos recursos y proveedores de ETFs, es crucial adoptar un enfoque crítico y realizar una diligencia debida exhaustiva. Cada inversor tiene objetivos y tolerancias al riesgo únicos, por lo que es importante seleccionar ETFs y estrategias de inversión que se alineen con tus metas financieras personales.

Esta guía ofrece un punto de partida para explorar el mundo de los ETFs, pero el aprendizaje y la adaptación continua son esenciales para el éxito en la inversión. Mantente informado, revisa regularmente tu estrategia de inversión y ajusta tu cartera según sea necesario para alcanzar tus objetivos financieros.

Herramientas y aplicaciones recomendadas para el análisis y la inversión en EFTs:

Plataformas de Análisis de Inversión

1. Morningstar Premium

- Ofrece análisis en profundidad, calificaciones y herramientas de investigación de ETFs, además de acceso a expertos y recomendaciones de cartera.

2. ETF Database (ETFdb.com)

- Proporciona una amplia base de datos de ETFs, incluyendo herramientas de filtrado y comparación, noticias, y análisis de tendencias de inversión.

3. Bloomberg Terminal

- Aunque costoso, es el estándar de oro para profesionales financieros, ofreciendo datos en tiempo real, análisis, noticias y herramientas de trading.

Aplicaciones de Corretaje y Trading

4. Charles Schwab

- Conocido por su excelente servicio al cliente y acceso a una amplia gama de ETFs sin comisiones, además de herramientas de investigación y análisis.

5. Vanguard

- Ofrece acceso a sus propios ETFs de bajo costo y herramientas para ayudar en la construcción y gestión de carteras.

6. Fidelity Investments

- Proporciona una plataforma de trading con una amplia selección de ETFs sin comisiones, herramientas de investigación, y recursos educativos.

Herramientas de Seguimiento y Gestión de Carteras

7. Personal Capital

- Una aplicación de gestión financiera que permite a los usuarios rastrear inversiones, incluyendo ETFs, analizar las tarifas y evaluar la diversificación de la cartera.

8. Yahoo Finance

- Una plataforma gratuita que ofrece seguimiento de carteras, datos de mercado en tiempo real, noticias financieras y análisis para ETFs.

Recursos Educativos y Comunidad

9. Investopedia

- Ofrece una amplia gama de artículos, tutoriales y simuladores de trading que cubren los fundamentos de los ETFs y estrategias de inversión.

10. Seeking Alpha

- Brinda análisis de mercado, opiniones y discusiones sobre ETFs específicos, permitiendo a los inversores profundizar en análisis fundamentales y técnicos.

Herramientas de Análisis Técnico

11. TradingView

- Popular entre los traders por sus herramientas de gráficos avanzadas, análisis técnico y una comunidad activa que comparte perspectivas de mercado.

Otras Aplicaciones y Plataformas

12. M1 Finance

- Combina herramientas de inversión automática con la flexibilidad de seleccionar ETFs específicos para crear carteras personalizadas sin comisiones.

13. Robinhood

- Una aplicación de trading intuitiva y fácil de usar que permite a los inversores comprar y vender ETFs sin comisiones, ideal para principiantes.

Consideraciones Finales

Al seleccionar herramientas y aplicaciones para la inversión en ETFs, es importante considerar tus propios objetivos de inversión, tu nivel de experiencia y tus necesidades específicas de análisis. Además, mantente al tanto de las comisiones o tarifas asociadas con plataformas de corretaje y herramientas de análisis premium, ya que pueden afectar tus rendimientos de inversión. La educación continua y el uso de múltiples fuentes de información también te ayudarán a tomar decisiones de inversión bien informadas.

CONCLUSIÓN:

"La Enciclopedia de ETFs: De Principiante a Experto" es una guía integral que cubre todo lo que necesitas saber sobre los Exchange-Traded Funds (ETFs), desde los fundamentos básicos hasta estrategias de inversión avanzadas. Este libro está diseñado tanto para inversores novatos que buscan entender el concepto y funcionamiento de los ETFs, como para los más experimentados que desean profundizar en tácticas sofisticadas y optimización de carteras.

El texto comienza explorando la historia y evolución de los ETFs, destacando su creciente popularidad y cómo han revolucionado las inversiones al ofrecer accesibilidad, diversificación y eficiencia de costos. Progresa hacia una discusión detallada sobre diferentes tipos de ETFs, incluyendo aquellos basados en acciones, bonos, materias primas, y estrategias temáticas, así como ETFs apalancados e inversos, ofreciendo a los lectores una comprensión clara de las opciones disponibles y cómo seleccionar los ETFs adecuados para sus objetivos de inversión.

Una sección importante se dedica a la metodología para evaluar ETFs, incluyendo análisis de costos, rendimiento, liquidez, y la importancia de la gestión pasiva versus la activa. El libro también aborda estrategias de inversión con ETFs, desde la inversión táctica y la cobertura hasta cómo utilizar los ETFs en mercados volátiles o bajistas, proporcionando a los inversores las herramientas para construir y gestionar carteras resilientes.

El capítulo sobre fiscalidad y consideraciones legales es esencial, ya que aclara las implicaciones tributarias de invertir en ETFs y resalta la importancia de la planificación fiscal en la maximización de rendimientos. Los casos de estudio y aplicaciones prácticas enriquecen el libro con ejemplos reales, ilustrando cómo los ETFs pueden ser utilizados efectivamente en diversas situaciones de inversión.

Por último, el libro concluye con una valiosa recopilación de recursos, incluyendo un directorio de proveedores de ETFs y herramientas en línea recomendadas para el análisis y la inversión, asegurando que los lectores estén bien equipados para emprender sus propias jornadas de inversión en ETFs.

"La Enciclopedia de ETFs: De Principiante a Experto" es una obra esencial para cualquiera que busque navegar el mundo de los ETFs con confianza, ofreciendo un conocimiento profundo y estrategias prácticas para aprovechar al máximo estas poderosas herramientas de inversión.

Sobre el autor

Alberto Abel Yánez Walker, nacido en la vibrante ciudad de La Habana, Cuba, es un emprendedor autodidacta apasionado por desentrañar los misterios de la economía, finanzas, inversión en bolsa, empresas y negocios. Aunque su formación académica lo llevó a graduarse como profesor de educación física deportiva, su curiosidad insaciable y su sed de conocimiento lo guiaron por un camino distinto al de su formación original.

Alberto presenta ahora su segunda obra publicada, un reflejo de su jornada autodidacta y de su dedicación a compartir su comprensión sobre temas cruciales que afectan a individuos y sociedades por igual. Inspirado por figuras icónicas como Robert Kiyosaki y Warren Buffett, quienes han ejercido una influencia significativa y positiva en su vida, Alberto busca transmitir ese mismo impacto a través de sus escritos para cautivar a niños y mayores que deseen aprender sobre este interesante mundo.

Su estilo, sencillo y directo, invita a los lectores a explorar el lenguaje universal del dinero, abordando temas de gran importancia con claridad y precisión. Alberto es un firme creyente en el crecimiento personal y en la superación constante, esforzándose cada día por ser una mejor versión de sí mismo, con un compromiso profundo hacia la evolución personal y profesional.

Alberto Abel Yanez Walker se erige como un autor emergente cuya visión y enfoque no solo iluminan los aspectos prácticos de la economía y las finanzas, sino que también inspiran a sus lectores a buscar su propia superación y a entender el valor intrínseco de la evolución constante. Este libro, no ofrece solo conocimientos, sino también una invitación a emprender un viaje de crecimiento personal y financiero.

www.ingramcontent.com/pod-product-compliance
Lightning Source LLC
Chambersburg PA
CBHW072058230526
45479CB00010B/1132